Vente du Lundi 12 Mars 1877

SALLE N° 3

FAIENCES ITALIENNES

ARMES ANCIENNES

BIJOUX — INSTRUMENTS DE MUSIQUE

BELLES TAPISSERIES

PROVENANT EN PARTIE

De la Collection de M. le Baron I. de S.

EXPOSITION PUBLIQUE : le Dimanche 11 Mars 1877

DE UNE HEURE A CINQ HEURES.

<table>
<tr><td align="center">

Me CHARLES PILLET

COMMISSAIRE-PRISEUR,

10, rue de la Grange-Batelière.

</td><td align="center">

M. CHARLES MANNHEIM

EXPERT,

7, rue Saint-Georges.

</td></tr>
</table>

CATALOGUE

DE

FAIENCES ITALIENNES

DES FABRIQUES DE :

Gubbio, Pesaro, Deruta, Faënza, Urbino, Castel-Durante, Castelli, etc.,

ARMES ANCIENNES

TELLES QUE :

Belles Épées ; Hallebarde ; Arquebuses à rouet ;

OBJETS EN FER ; BIJOUX ; INSTRUMENTS DE MUSIQUE

BELLES TAPISSERIES

Provenant en partie de la Collection de M. le baron J. de S.

ET DONT LA VENTE AURA LIEU

HOTEL DROUOT, SALLE N° 3

Le Lundi 12 Mars 1877

A DEUX HEURES

Par le ministère de Me **CHARLES PILLET**, Commissaire-Priseur,
10, rue de la Grange-Batelière,

Assisté de **M. CHARLES MANNHEIM**, Expert, 7, rue Saint-Georges

Chez lesquels se trouve le présent Catalogue.

EXPOSITION PUBLIQUE : le Dimanche 11 Mars 1877,

DE UNE HEURE A CINQ HEURES.

CONDITIONS DE LA VENTE

La vente se fait au comptant.

L'acquéreur payera *cinq pour cent* en sus des enchères applicables aux frais.

L'Exposition mettant le public à même de se rendre compte de l'état des objets, aucune réclamation ne sera admise une fois l'adjudication prononcée.

Paris. — Imp. de Pillet et Dumoulin, 5, rue des Grands-Augustins.

DÉSIGNATION DES OBJETS

FAIENCES ITALIENNES

1 — Fabrique de Gubbio. — Petit plat rond à décor à
reflets métalliques bleu nacré et rouge. Il offre au centre un buste de femme et au bord des trophées d'armes
et d'instruments de musique sur fond bleu. Diam.,
21 cent.

2 — Même fabrique. — Petit plat rond à décor à reflets
métalliques mordorés et rouge rubis. Le bord offre des
rayons dont les entre-deux sont remplis par des fleurs
se détachant sur fond blanc. Le centre est décoré de
quadrillages et d'ornements. Diam., 22 cent.

3 — Même fabrique. — Petit plat rond à décor à reflet
métallique bleu nacré et rouge rubis, à rinceaux et
ornements. Diam., 23 cent.

4 — Fabrique de Pesaro. — Grand et beau plat à décor
à reflets métalliques bleu nacré et mordorés. Il offre au
centre un buste de femme se détachant sur fond bleu

ainsi qu'une banderole portant l'inscription : FAVSSTINA BELLA. Le bord est décoré de palmettes et d'imbrications rehaussées de bleu. Diam., 41 cent.

5 — Même fabrique. — Grand plat rond à décor à reflets métalliques bleu nacré et rouge rubis. Le fond est décoré d'une figure de Bacchus et le bord de rinceaux et d'ornements. Cadre en bois sculpté doré en partie. Diam., 41 cent.

6 — Même fabrique. — Plat rond à décor à reflets métalliques mordorés et bleu nacré. Au centre, figure de jeune homme forgeant un cœur. Au bord, palmettes et ornements. Diam., 37 cent.

7 — Même fabrique. — Plat rond pouvant servir de pendant à celui qui précède. Il offre au centre une figure de femme forgeant un cœur surmonté d'une couronne. Diam., 27 cent.

8 — Même fabrique. — Joli vase à large panse et à deux anses reliant la gorge à la panse du vase. Décor à reflets métalliques mordorés et bleu nacré, rehaussé de bleu à médaillons, bustes de saints personnages et ornements. Haut., 29 cent.

9 — Même fabrique. — Vase de même forme et de décor analogue. Celui-ci offre dans des médaillons deux mains enlacées, surmontées d'une couronne ainsi que des ornements variés. Haut., 28 cent.

10 — Même fabrique. — Vase analogue à celui qui précède et pouvant lui servir de pendant. Les médaillons de celui-ci offrent des écussons armoriés. Haut., 27 cent.

1, — Même fabrique. — Petit vase de même forme ; celui-ci est décoré de palmettes et d'ornements à reflets métalliques mordorés et bleu nacré, rehaussé de bleu. Haut., 24 cent.

12 — Même fabrique. — Beau plat rond décoré au centre d'une figure de guerrier debout, et au bord, d'ornements feuillagés. Premières années du xvie siècle. Diam., 37 cent.

13 — Fabrique de Deruta. — Petite coupe ronde décorée d'ornements à reflets métalliques mordorés et bleu nacré, rehaussé de bleu sur fond blanc. Diam., 25 cent.

14 — Fabrique de Faënza. — Plat rond à ombilic décoré d'un buste d'homme, couronné de lauriers. Le reste du plat offre des ornements se détachant en couleurs sur fond jaune d'ocre, ainsi qu'un entre-deux décoré par le procédé *Bianco sopra Bianco*. Le revers offre des ornements ainsi que la lettre M traversée par un F. Diam., 32 cent.

15 — Fabrique de Castel Durante. — Plat rond offrant au centre le buste de CORNELIA BELLA, sur fond jaune et au bord des trophées d'armes sur fond bleu. Diam., 30 cent.

16 — Même fabrique. — Vase en forme de bouteille, offrant
dans un médaillon une figure de génie montée sur un
cerf au galop, on lit sur une banderolle : A. SCABIOSA.
Le médaillon est entouré de rinceaux en jaune d'ocre
sur fond bleu. Haut., 37 cent.

17 — Même fabrique. — Deux vases en forme de cornet
décorés d'ornements sur fond bleu et jaune d'ocre et
de médaillons à figures de saints personnages. Haut.,
29 cent.

18 — Même fabrique. —Deux petits vases de même forme,
décorés de médaillons bustes d'hommes sur fond jaune
et de fleurs et rinceaux sur fond bleu. Haut. sans la
monture en bois, 17 cent.

19 — Fabrique de La Frata. — Petite coupe ronde à deux
anses enroulées et à couvercle imitant un château fort,
décorée de rinceaux et d'ornements en relief et émaillés en couleurs. Haut., 17 cent.

20 — Fabrique d'Urbino.—Jolie coupe ronde décorée d'un
sujet tiré de l'histoire d'Enée, composition de dix figures ; attribuée à Oratio Fontana. Elle porte au revers
l'indication du sujet ainsi que la date de 1544. Diam.,
28 cent.

21 — Même fabrique. — *Cuppa amatoria* décorée d'un
groupe de trois figures dans un paysage. Elle porte au
revers l'indication du sujet et la date de 1544. Elle est de
la même main que la coupe qui précède. Diam., 19 cent.

22 — Même fabrique. — Coupe ronde sur piédouche bas, décorée d'un groupe de guerriers combattant. Diam., 26 cent.

23 — Même fabrique.—Petit plat rond décoré d'un groupe de cinq figures dans un paysage. Diam., 25 cent.

24 — Même fabrique. — Plat rond représentant le sujet de Moïse sauvé des eaux. Au revers l'indication du sujet. Diam., 29 cent.

25 — Même fabrique.—Coupe ronde repoussée à bossages représentant le Christ devant Pilate. Diam., 27 mill.

26 — Même fabrique. — Coupe d'accouchée, décorée à l'intérieur d'un sujet ayant trait à son emploi et à l'extérieur de grotesques sur fond blanc. Haut., 10 cent.; Diam., 14 cent.

27 — Même fabrique. — Plat rond représentant le sujet du sacrifice d'Abraham. Diam., 28 cent.

28 — Même fabrique. — Grand plat rond, décoré au centre d'un sujet de chasse au sanglier, et au bord de grotesques sur fond blanc. Epoque des Patanazzi. Diam., 46 cent.

29 — Même fabrique. — Plat rond pouvant servir de pendant à celui qui précède. Au centre, sujet de chasse au canard; au bord, grotesques sur fond blanc. Diam., 47 cent.

30 — Même fabrique. — Deux plats ovales en hauteur, décorés au centre de sujets bibliques et au bord de grotesques sur fond blanc. Epoque des Patanazzi. Haut., 39 cent.; larg., 29 cent.

31 — Même fabrique. — Grand plat rond représentant l'incendie de Troyes, d'après Raphaël. Diam , 39 cent.

32 — Même fabrique. — Petit plat rond décoré d'un sujet tiré de la Fable; groupe de figures dans un paysage. Diam., 29 cent.

33 — Même fabrique. — Grande coupe ronde à godrons, décorée d'un sujet tiré de l'histoire de Jupiter. Diam., 31 cent.

34 — Même fabrique. — Petit plat rond représentant un sujet guerrier. Diam., 29 cent.

35 — Même fabrique. — Petite coupe ronde à côtes décorée au centre d'une figure d'amour sur fond jaune et au bord de branches de fleurs. Diam., 25 cent.

36 — Même fabrique. — Petite assiette décorée de grotesques sur fond blanc et d'une figure d'amour sur fond bleu. Diam., 225 mill.

37 — Même fabrique. — Plat rond décoré de grotesques sur fond blanc et offrant au centre un écusson armorié soutenu par deux figures de génies. Diam. 42 cent.

38 — Même fabrique. — Petite coupe ronde à côtes décorée de grotesques sur fond blanc et offrant au centre une figure d'amour debout. Diam., **26** cent.

39 — Fabrique de Castelli. — Plat rond, décoré au centre d'un groupe de guerriers combattant et au bord de trophées d'armes sur fond blanc, ainsi que d'un écusson armorié. Diam., **42** cent.

40 — Même fabrique. — Plat rond représentant le sujet du triomphe d'Alexandre. Le bord offre des trophées d'armes. Diam., **41** cent.

41 — Même fabrique. — Plat rond à sujet mythologique au centre et décoré de rinceaux et de figures d'enfants au bord. Cadre carré en bois sculpté doré en partie. Diam., **34** cent.

42 — Même fabrique. — Plateau rond représentant un sujet guerrier. Il est attribué au Dr Grüe. Diam., **30** cent.

43 — Même fabrique. — Deux petits plats ronds décorés d'armoiries et de rinceaux sur fond blanc. Diam. **25** cent.

44 — Même fabrique. — Petite assiette décorée d'un sujet champêtre et de rinceaux. Elle est rehaussée d'or. Diam., **18** cent.

45 — Même fabrique. — Deux petites assiettes décorées de paysages et de monuments. Diam., 17 cent.

46 — Même fabrique. — Petite coupe ronde décorée des figures d'Adonis, de Vénus et de l'Amour. Diam., 14 cent.

47 — Fabrique italienne. — Brasero en forme de vase à couvercle à décor bleu.

TERRE CUITE

48 — Buste d'homme, grandeur nature. Travail italien du xvie siècle.

ARMES

49 — Belle épée à triple garde et à quillons cintrés richement damasquinée et incrustée d'argent, à figures, mascarons et rinceaux feuillagés. Travail italien du xvie siècle.

50 — Belle épée du xve siècle à garde à quillons courbes et taillés. Pommeau cannelé et fusée en cuir gaufré.

51 — Épée à corbeille finement ciselée et repercée à jour, à médaillons bustes de guerriers et de femmes, fleurs et rinceaux ; garde et quillons à torsades ; xvie siècle.

52 — Épée à double garde en fer ciselé à figures de cavaliers, guerriers et autres; groupe de fruits et ornements; xvi° siècle.

53 — Jolie épée à garde et quillons contournés, en fer
plaqué d'or. Le pommeau semble figurer une double
fleur de lis; xvi° siècle.

54 — Épée à triple garde en fer cannelé plaqué d'or; xvi°
siècle.

55 — Épée à triple garde en fer gravé incrustée de médaillons en cuivre doré représentant des cavaliers combattant, en bas relief; xvi° siècle.

56 — Épée à garde et pommeau ciselés à graines. La lame
à double tranchant jusqu'au deux tiers de sa longueur,
se termine au talon par une partie à un seul tranchant ; xvi° siècle.

57 — Épée à triple garde unie et à quillons droits taillés à
pans conservant des traces de dorure; xvi° siècle.

58 — Épée à triple garde unie et pommeau à côtes; xvi°
siècle.

59 — Épée à triple garde et à coquille taillées à pans et à
graines ; xvi° siècle.

60 — Épée à garde contournée, taillée à graines et à quillons droits; xvi° siècle.

61 — Épée à garde à coquille, à cinq arceaux et quillons
courbes. xvie siècle.

62 — Épée analogue à celle qui précède.

63 — Épée à large garde à coquilles repercées à jour et
quillons courbes ; xvie siècle.

64 — Épée à corbeille décorée d'une frise gravée à
fleurs.

65 — Épée à corbeille composée de dauphins couronnés
finement ciselés, repercée à jour et portant les armes
d'un dauphin de France. Travail des dernières années
du xvie siècle.

66 — Épée à garde composée d'une figure de lion et de
deux cariatides de femmes. Le pommeau est formé
d'un lion debout. Lame quadrangulaire évidée. Fin
du xvie siècle.

67 — Épée à large lame portant le buste de Gustave-
Adolphe, gravé. La garde à coquille repercée à jour
est en fer gravé et plaqué d'argent; xviie siècle.

68 — Belle hallebarde en fer gravé et doré portant un écusson armorié, des chiffres couronnés et la date de
1612.

69 — Main gauche à large garde, composée de rinceaux gravés et repercés à jour et quillons à torsades.

70 — Poignard à garde à coquille et doubles quillons courbes.

71 — Petit mousquet à rouet dont le bois est incrusté d'ivoir gravé; xviie siècle.

72 — Arquebuse à rouet enrichie d'incrustations à sujet de chasse, rinceaux, etc. Même époque.

73 — Arquebuse analogue à celle qui précède.

74 — Autre arquebuse du même travail.

75 — Curieux pommeau d'épée offrant dans son pourtour et en bas-relief, une des scènes tirées de la légende de Guillaume Tell.

76 — Marteau de minéralogiste en fer taillé.

77 — Tisonnier à deux dents avec bouton en cuivre à mascaron en relief.

OBJETS EN FER

78 — Couteau et fourchette en fer ciselé et doré à manches garnis en nacre; xvie siècle.

79 — Garniture de trousse composée de quatre petites
pièces à manches en fer ciselé et doré; xvie siècle.

80 — Deux pièces : Couteau à manche en fer ciselé, à tête
de lion et fourchette pliante à manche garni en nacre.

81 — Couteau et fourchette à manches d'argent ciselé à
mascarons; xviie siècle.

82 — Couteau et fourchette à manches émaillés à fond
bleu.

83 — Couteau et fourchette à manches en argent, formés
de figurines debout, joueur de musette et paysanne.

84 — Couteau à manche en ambre et ivoire, enrichi de
dorure et d'inscriptions; xviie siècle. Dans sa gaîne en
cuir.

85-86 — Sept pièces : Couteaux et fourchettes à manches
d'argent.

87 — Couvert à manches d'ivoire sculpté à mascarons.

88 — Deux petits couteaux pliants à manches en écaille
piquée d'or ; l'un d'eux a une lame d'argent.

89 — Serrure du xvie siècle avec clef en fer à chapiteau
ciselé et à cariatides d'oiseaux.

90 — Petite clef à tête formée de deux cariatides d'oiseaux; XVIe siècle.

91 — Clef à tête plate gravée et repercée à jour; XVIe siècle.

92 — Serrure de coffret en cuivre gravé à entrelacs et doré; XVIe siècle.

93 — Deux clefs à têtes découpées à jour.

BIJOUX

94 — Joli petit bijou pendentif formé d'un cerf en or émaillé incrusté de rubis et terminé par une perle fine; XVIe siècle.

95 — Médaillon ovale à double face gravé sur jaspe vert. Il représente le sujet de la flagellation et une tête de vierge. Monture en or émaillé et pendeloque en perle fine. XVIe siècle.

96 — Collier formé de chatons en filigrane d'or à rosaces émaillées. Travail vénitien du XVIIe siècle.

97 — Collier analogue à celui qui précède.

98 — Petit manche de couteau en ivoire sculpté composé de trois figures d'enfants.

INSTRUMENTS DE MUSIQUE

99 — Mandoline cannelée et sculptée ; le manche d'écaille est incrusté de filets d'ivoire et d'ornements en nacre de perle.

100 — Mandoline analogue à celle qui précède. Le manche de celle-ci est incrusté de nacre et d'os gravé.

101 — Mandoline cannelée ; le manche est incrusté de filets d'ivoire.

102 — Mandoline de même travail. Le manche de celle-ci est incrusté de nacre de perle.

103 — Mandoline à bandes de bois incrustées.

104-106. — Trois mandolines à rosaces repercées à jour et incrustées de filets d'ivoire.

107 — Jolie vielle à manche orné d'une tête de femme, en bois sculpté et enrichie d'incrustations d'ébène et de nacre.

108 - Vielle analogue à celle qui précède.

109 — Jolie petite pochette incrustée d'ivoire et à manche se terminant par une petite tête de femme en ivoire avec coiffure d'ébène. Elle est accompagnée de son archet.

110 — Pochette plaquée d'écaille et incrustée de filets d'ivoire.

111 — Flûte à bec en ivoire sculpté à ornements et mascarons.

112 — Joli petit modèle de mandoline en écaille incrustée de filets d'étain et de nacre de perles.

113 — Petit modèle de mandoline de même travail que la pièce qui précède.

114 — Autre modèle de mandoline analogue à la pièce qui précède.

115 — Autre petit modèle de mandoline de même modèle. Celle-ci a été plaquée sur paillons rouges.

116 — Petit modèle de mandoline de forme aplatie, en écaille incrustée de nacre et de filets d'étain.

117-118 — Deux autres très-petits modèles de mandolines de formes variées.

TAPISSERIES

119 — Belle série de quatre tapisseries de la première
moitié du xvɪᵉ siècle, représentant des sujets tirés de
l'histoire romaine, avec riches bordures à fleurs, fruits,
personnages et oiseaux. Haut., 1 m. 80 cent.; larg.,
5 m. 35 cent., 4 m. 40 cent., 3 m. 60 cent. et 3 m.
20 cent.

120 — Jolie tapisserie représentant Suzanne et les vieil-
lards. Haut., 3 m. 10 cent.; larg., 4 m. 05 cent.

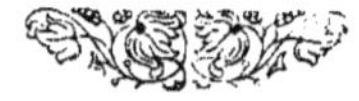